AMBROISE VOLLARD

LE PÈRE UBU A L'HOPITAL

CROQUIS PAR P. BONNARD

LE PÈRE UBU

5e mille

PARIS
ÉDITIONS GEORGES CRÈS ET Cie,
116, BOULEVARD SAINT-GERMAIN, PARIS
7, RAMISTRASSE, ZURICH
1918

Prix : 1 fr. 50

LE PÈRE UBU
A L'HOPITAL

AMBROISE VOLLARD

LE PÈRE UBU A L'HOPITAL

CROQUIS PAR P. BONNARD

LE PÈRE UBU

PARIS
ÉDITIONS GEORGES CRÈS ET Cie,
116, BOULEVARD SAINT-GERMAIN, PARIS
7, RAMISTRASSE, ZURICH
1918

DU MÊME AUTEUR :

LIBRAIRIE CRÈS ET Cie, PARIS

Le Père Ubu à l'Aviation, plaquette.

EN PRÉPARATION :

Une Visite à la Mère Ubu.
Le Père Ubu au Front.
Le Père Ubu aux Colonies (avec Préface de Laurent Tailhade).

LE PÈRE UBU A L'HOPITAL

PETITE TRAGÉDIE

PERSONNAGES PARLANTS :

LE PÈRE UBU.

UN CHIRURGIEN MILITAIRE A CINQ GALONS.

UN HOPLITE DE DERNIÈRE CLASSE, BLESSÉ A LA JAMBE.

PERSONNAGES MUETS :

UN PROFESSEUR DE CLINIQUE OPÉRATOIRE A LA FACULTÉ DE SPARTE, PRÉSENTEMENT HOPLITE DE DEUXIÈME CLASSE.

UN MÉDECIN MILITAIRE A DEUX GALONS.

INFIRMIERS, TISANES, DAMES DU CADUCÉE ROUGE, ETC.

La scène se passe dans un hôpital militaire Lacédémonien, au vme siècle avant Jésus-Christ. — Costumes d'après le *Léonidas* et autres tableaux de David.

Le PÈRE UBU, *monté sur des patins à roulettes, fait une rapide inspection des salles. Il arrive devant un* HOPLITE BLESSÉ *qui, malgré les nombreux «huit jours avec le motif» que lui distribue coup sur coup le* CHIRURGIEN MILITAIRE A CINQ GALONS, *n'en continue pas moins à se débattre entre deux infirmiers qui réussissent enfin à le ligoter.*

LE BLESSÉ, tournant vers le père Ubu un visage angoissé.

Sauvez ma jambe, père Ubu, on veut me couper ma jambe !

LE PÈRE UBU, au Chirurgien à cinq galons.

Pourquoi voulez-vous couper la jambe à ce malade ?

LE CHIRURGIEN A CINQ GALONS.

Parce que je suis chirurgien à cinq galons, et qu'il faut bien que je coupe des membres ! J'en ai déjà coupé plus de deux mille, depuis le commencement de la guerre.

LE PÈRE UBU.

Et avant la guerre ?

LE CHIRURGIEN A CINQ GALONS.

Oh ! avant la guerre, j'étais médecin homéopathe. Mais comme je suivais toutes les périodes d'instruction en tenue de campagne pendant que ces bons-à-rien de chirurgiens civils restaient tranquillement à faire leurs opérations dans des salles bien chauffées, lorsque la guerre a éclaté j'avais déjà attrapé mes cinq galons... Tenez, celui qui passe là-bas, avec un pot de chambre à la main, c'est un professeur de chirurgie à la Faculté de Sparte ! Eh bien, comme, dans le civil, il est seulement hoplite de deuxième classe, il n'a, dans le militaire, que la compétence de faire faire caca aux malades et de nettoyer mes bottes. L'autre jour, je l'ai surpris en train de percer un abcès à un camarade : je lui ai fait porter « huit jours avec le motif », pour exercice illégal de la chirurgie.

LE PÈRE UBU, toujours désireux de s'instruire.

Et l'abcès a été guéri ?

LE CHIRURGIEN A CINQ GALONS.

Je ne sais pas, mais j'en doute fort : un abcès opéré par un hoplite de deuxième classe ! Figurez-vous, père Ubu, moi-même qui vous parle, lorsque j'étais dans le civil, je croyais, comme tout le monde, à la valeur en médecine de la science, de l'expérience, et cætera ! Mais à présent j'ai reconnu que tout cela était des affaires de temps de paix. En temps de guerre, la science et l'expérience, tout cela est remplacé par les galons. Vous ne me voyez tout de même pas, avec mes cinq galons, passer la main, en cas d'opération, à un hoplite de deuxième classe, sous prétexte que, dans le civil, il était professeur de chirurgie, tandis que, moi, je n'étais qu'un simple médecin homéopathe !

LE PÈRE UBU.

C'est pour le coup que le ministre Godaropolis vous fendrait l'oreille !

LE CHIRURGIEN A CINQ GALONS.

Ah ! les galons, ceux qui les blaguent n'ont pas idée de tout ce que ça représente ! Ainsi moi-même, l'autre jour, pendant ma permission, j'avais donné ma chlamyde militaire à dégraisser ; j'étais en peplum civil lorsque mon chat est venu me présenter sa patte, qui avait été mordue par une souris. Eh bien, je n'aurais pas été fichu de lui administrer le moindre petit coup de bistouri ! J'ai été obligé de le soigner avec des pilules. Mais lorsque je vois mes cinq galons étinceler sur toute ma personne, je taille, coupe, et recoupe à tour de bras.

LE BLESSÉ.

:::::::::::: !

LE CHIRURGIEN A CINQ GALONS.

Huit jours « avec le motif » !

LE BLESSÉ, joignant les mains.

Obtenez grâce pour ma jambe, père Ubu ! De la prison tant qu'ils voudront, mais qu'on me laisse garder ma jambe !

LE PÈRE UBU.

Mais, gros bête, puisque ce chirurgien affirme qu'il faut la couper !

LE BLESSÉ.

Oui, sans doute, mais il y a ici un autre major qui, lui, guérit les jambes sans les couper !

LE PÈRE UBU, au Chirurgien à cinq galons.

Entendez-vous ce qu'il dit, cet hoplite ?

LE CHIRURGIEN A CINQ GALONS.

Ma foi, il y a du vrai dans ce qu'il vient de dire. Oui positivement, nous avons ici un certain docteur Karrelos, qui, s'étant un jour faufilé dans ma salle de chirurgie, s'est permis de guérir quelques-uns de mes plus grands blessés, et sans rien leur couper. Mais dites, père Ubu, s'il ne coupe pas, ce n'est pas un chirurgien, et, s'il n'est pas un chirurgien, qu'est-ce qu'il a, tout le temps, à rôder dans une salle de chirurgie ?

LE BLESSÉ.

Je veux être guéri par le docteur Karrelos !

LE PÈRE UBU, conciliant, au Chirurgien à cinq galons.

Ne pourrait-on pas, pour une fois, satisfaire ce caprice de malade ?

LE CHIRURGIEN A CINQ GALONS.

Mais cela serait contraire à tous les règlements... Et, d'abord, ce Karrelos est un clérical de la pire espèce ! Il va, tous les jours, brûler des cierges aux Temples des Dieux !

LE PÈRE UBU.

Ça, c'était un vrai danger public avant la guerre ; mais, depuis la mobilisation, moi-même, tout en restant

Vénérable de ma Loge, je vais avec la mère Ubu faire brûler des cierges dans les Temples, — surtout lorsque j'entends gronder le canon !

LE BLESSÉ, déjà tout ravi de voir que le père Ubu ose tenir tête au Chirurgien à cinq galons.

Quelle veine ! je vais pouvoir garder ma jambe !

LE CHIRURGIEN A CINQ GALONS, foudroyant son malade d'un regard.

Vous ferez quinze jours avec le motif ! *(Se tournant vers le père Ubu.)* Passe encore pour les histoires de cierges, mais ce qu'il y a de bien autrement grave, c'est que ce médecin Karrelos n'a que deux galons !

LE PÈRE UBU.

Le médecin Karrelos n'a que deux galons ! Oh ! en effet, voilà qui est grave ! *(S'adressant au blessé.)* Alors, mon garçon, vous vous foutez comme ça de la discipline ? Et vous voudriez garder une jambe qui resterait un témoignage permanent d'une telle méconnaissance de la hiérarchie, cette mère des armées ? *(Se tournant vers les infirmiers.)* Vite, qu'on aille quérir le couteau à couper les jambes !

LE CHIRURGIEN A CINQ GALONS.

Je le porte toujours sur moi, en cas. *(Il tire de sa poche une lame en forme de scie, Le père Ubu recule, effrayé.)*

LE BLESSÉ, d'une voix mourante.

Au secours !

LE CHIRURGIEN A CINQ GALONS.

Un mois de prison !

LE PÈRE UBU.

Avec le motif !

(Le blessé, toujours se débattant, est porté sur la table d'opération, où, à grand effort, le Chirurgien à cinq galons parvient à lui enlever une jambe. — Le père Ubu, un peu rassuré quand il a vu le Chirurgien remettre son couteau dans sa poche, s'approche de la table d'opération, et prend délicatement le membre amputé.)

LE PÈRE UBU, s'adressant au Chirurgien.

Vous avez beau dire qu'il n'y a que les galons qui comptent, en temps de guerre : pour ce qui est de porter un diagnostic, la science n'en reste pas moins une chose admirable. Voilà un membre qui, pour un profane comme moi, a l'air parfaitement sain, tandis que vous autres, enfants d'Esculape, vous avez été capables d'y deviner, dès avant l'opération, la présence d'un ver rongeur !...

(Tout en parlant, le père Ubu a mis la jambe sous le nez du Chirurgien.)

LE CHIRURGIEN A CINQ GALONS, aussitôt qu'il aperçoit la jambe coupée.

Allons, bon ! voilà que je me suis encore trompé de jambe ! C'est toujours comme ça quand on me bouscule ! Mais ce sera l'affaire d'un rien du tout, de couper l'autre jambe !

LE PÈRE UBU.

Couper l'autre jambe ? Vous n'y pensez pas ! Un fricoteur comme celui-là toucherait deux jambes de bois au lieu d'une ? Un pareil scandale ! Sans compter le surcroît de dépenses pour le budget !

LE CHIRURGIEN A CINQ GALONS.

Mais, tout de même, mon honneur et ma conscience de chirurgien m'interdisent de laisser mourir ce blessé !

LE PÈRE UBU.

Hé ! qui vous parle de le laisser mourir ? C'est le guérir qu'il faut ! Ne m'avez-vous pas dit vous-même que ce médecin à deux galons guérit toutes les jambes sans jamais en couper ? Le devoir sacré du chirurgien, qui est de couper, vous l'avez accompli plus que largement vis-à-vis du blessé, mon cher Cinq Galons ; vous pouvez maintenant laisser guérir la jambe malade par le docteur Karrelos. *(Puis devant un geste de protestation du Chirurgien à cinq galons.)* Mais oui, et sans que vous ayez à concevoir l'ombre d'un scrupule, car *(saisissant et secouant le moignon ensanglanté)* avec une jambe en moins, ce sacré bougre de farceur de N. de D. d'estropiat ne pourra tout de même pas dire qu'il s'est payé la tête d'un chirurgien à cinq galons !.

RIDEAU.

82237. — Imprimerie LAHURE, rue de Fleurus, 9, à Paris.

www.ingramcontent.com/pod-product-compliance
Lightning Source LLC
LaVergne TN
LVHW050518160826
845677LV00003B/1211

9782329618609